LES VOLCANS

Auteur
Cathy FRANCO

Mise en page
Illustrations
Jacques DAYAN

collection créée et conçue par
Émilie BEAUMONT

FLEURUS

FLEURUS ÉDITIONS, 15-27, rue Moussorgski, 75018 PARIS
www.fleuruseditions.com

QU'EST-CE QU'UN VOLCAN ?

Toute fissure du sol par laquelle la lave, issue des profondeurs de la Terre, parvient à se frayer un passage est un volcan ! On les représente souvent comme des montagnes pointues, or certains volcans sont tout ronds et d'autres, presque plats ! La vie des volcans est souvent très longue et s'étale sur plusieurs siècles. On les accuse d'être destructeurs ; pourtant, sans eux, notre planète exploserait. Telle la soupape de sécurité d'une Cocotte-Minute, ils permettent en effet à l'énorme pression qui règne au cœur de la Terre de s'échapper de temps en temps. Il existe environ 15 000 volcans sur les continents.

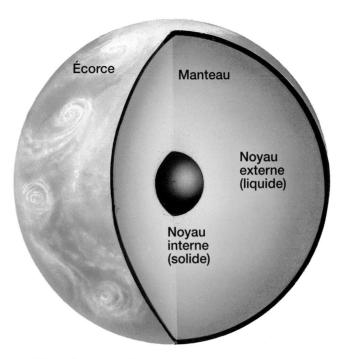

Écorce Manteau

Noyau externe (liquide)

Noyau interne (solide)

Planète de feu

Tel un fruit, la Terre est protégée par une fine peau, l'écorce terrestre. À l'intérieur, la chair, appelée « manteau », est formée d'une roche fondue et brûlante, le magma. Lorsqu'il parvient, bouillonnant, à la surface, il prend le nom de « lave ». Au centre de la Terre se trouve le noyau.

À quoi ressemble un volcan ?

Il est formé de trois parties : le réservoir de magma, la cheminée, par laquelle le magma remonte à la surface, et la partie visible (ici, un cône). La lave s'échappe par un cratère : c'est la « bouche » du volcan.

Le puy de Dôme (France)

Quand de la lave trop pâteuse pour s'écouler s'accumule dans la cheminée d'un volcan et à son point de sortie, elle crée un dôme : un volcan sans cratère.

Cratère

Conduit secondaire

Cône

Cheminée principale

Réservoir de magma

Lac de lave

Dans le cratère ouvert au sommet du volcan Nyiragongo, au Zaïre, le magma issu des entrailles de la Terre a formé en 1982 un lac de lave d'une température de 1 400 °C. Depuis, de gros bouillons agitent sa surface.

Le lent travail de l'érosion

Un neck est la cheminée durcie d'un volcan qu'avec le temps, l'érosion a dégagée.

Le réveil du Hellgafell

On le croyait éteint depuis longtemps, il n'était qu'endormi ! Le volcan islandais Hellgafell, localisé juste derrière la petite ville d'Heimaey, s'est réveillé en 1973, après plus de 50 siècles de sommeil !

Une chapelle a été construite au Xe siècle au sommet de ce neck de 82 m de haut, situé à Saint-Michel l'Aiguilhe, en France. 268 marches permettent aux touristes d'y accéder.

es débuts de la vie

ns volcans, il n'y aurait pas d'êtres vivants sur rre, affirment aujourd'hui tous les scientifiques. a 4,5 milliards d'années, la surface de notre anète était recouverte de volcans en éruption. est leur activité qui a apporté, sous forme de gaz de vapeur d'eau, l'oxygène que nous respirons, si que l'eau des océans, des lacs et des rivières.

Volcan extraterrestre

Il existe des volcans sur de nombreuses planètes. Avec ses 25 000 m d'altitude, le mont Olympe, sur Mars, est trois fois plus haut que l'Everest, notre plus grande montagne.

OÙ NAISSENT LES VOLCANS ?

Autrefois, les Romains croyaient que Vulcain, le dieu du Feu, avait sa forge sous l'île de Vulcano (qui a donné le mot « volcan »). Quand Vulcain travaillait, l'île tremblait et le feu jaillissait du volcan. En fait, les volcans ne naissent pas n'importe où, mais en des points précis de l'écorce terrestre, là où de longues fractures la sillonnent. Ainsi, à la manière d'un puzzle, la surface de la Terre est divisée en 12 plaques, dites tectoniques. C'est à l'endroit où ces plaques se séparent ou se heurtent, entraînées par les courants du magma sur lequel elles flottent, que naissent la plupart des volcans et des tremblements de terre.

La Terre, un immense puzzle

Les plaques tectoniques sont de gigantesques morceaux de croûte terrestre qui se déplacent sur le magma visqueux. Certaines soutiennent deux océans, d'autres contiennent un océan et un continent, ou deux continents. Les flèches indiquent le sens de leur déplacement.

La Ceinture de feu du Pacifique *(en rouge) suit la jointure des plaques océaniques et continentale. Elle compte de nombreux volcans actifs.*

Point chaud

Qu'est-ce qu'un geyser ?

C'est une source d'eau bouillante, chauffée par le magma, qui jaillit de façon intermittente à la surface de la Terre. Signes d'une activité volcanique, les geysers peuvent atteindre la hauteur d'un immeuble de 40 étages (120 m) ! Le parc naturel de Yellowstone, aux États-Unis, en compte plus de 200.

Un point chaud

C'est un panache de magma qui, tel un chalumeau, perce la plaque se déplaçant au-dessus de lui. Comme il reste fixe, une chaîne de volcans se crée au fil du temps.

À Yellowstone, le « Vieux Fidèle » projette son eau pendant 5 minutes puis se repose une petite heure ; il se manifeste ainsi, inlassablement, depuis 1878 !

vre sur la Ceinture de feu

Japon, les volcans sont très actifs. Dans
sud du pays, les enfants vont à l'école casqués
ur éviter d'éventuelles projections volcaniques.
s abris ont été construits tous les 200 m.

Qu'est-ce qu'un rift ?

C'est un fossé qui se crée quand deux plaques
s'éloignent l'une de l'autre. Lorsqu'il s'agit
de deux plaques océaniques, le magma
s'épanche et vient remplir le rift.

Un volcan vénéré

Située sur des lignes de
grandes fractures, l'Indonésie
est un pays de volcans.
Une fois par an, sur l'île de Java,
la population locale se dirige vers le cratère
du Bromo, un volcan très actif, pour y lancer
des offrandes. Elle espère ainsi se protéger
de certaines éruptions très dangereuses.

Rift océanique

La subduction

Quand deux plaques
se rencontrent, l'une
glisse lentement sous
l'autre, créant une importante
activité volcanique et sismique.
C'est ce que l'on appelle
le « phénomène de subduction ».

Zone de
subduction

Plateau
de basalte

Rift
continental

D'étranges plateaux

Parfois, une fissure déchire
l'écorce terrestre, loin de la limite
des plaques. La lave s'épanche,
recouvrant de vastes régions.
Ce phénomène, rare et inexpliqué,
forme ce que l'on appelle
des « plateaux de basalte »
(le basalte est la roche issue
de la lave fluide solidifiée.).

*Le piton de la Fournaise, sur l'île de la Réunion,
est situé sur un point chaud. Il fait partie des 5 %
de volcans qui ne naissent pas en bordure
des plaques. Comme tous les volcans de point
chaud, il est très actif. L'île de la Réunion elle-même
est le sommet d'un gigantesque volcan né il y a
plusieurs millions d'années au fond de l'océan Indien.*

*Quand deux plaques
continentales
s'écartent, une zone
d'effondrement
se crée, donnant
naissance à des
volcans. Il s'agit
d'un rift continental.*

9

DANS LE FEU DE L'ACTION

Quand la pression devient trop forte à l'intérieur d'un volcan, des gaz poussent le magma vers la surface ; il y a éruption.

Les volcans ne se comportent pas tous de la même façon. Certains sont effusifs, la lave fluide s'en échappe facilement : on les appelle volcans rouges. D'autres sont explosifs ; à l'intérieur, le magma visqueux emprisonne les gaz.

Quand la force de l'explosion est telle qu'elle pulvérise la roche et la lave en cendres et en poussières, le volcan est appelé volcan gris.

Une surprise « de taille » !

Selon l'intensité d'une éruption, un volcan peut atteindre une hauteur considérable en un temps record. En 1944, au Mexique, quelle ne fut pas la surprise d'un paysan voyant s'ouvrir au beau milieu de son champ une énorme fissure ! Le lendemain, un cône de 10 m de haut occupait son terrain. Moins d'un an après, le volcan atteignait la hauteur de la tour Eiffel et avait englouti deux villages sous des coulées de lave.

Non loin du volcan Kilauea, on peut voir ces drôles de fils dorés, semblables à des cheveux blonds. On les appelle « cheveux de Pelée ». Ce sont de petits fragments de lave qui, emportés par le vent à la sortie du cratère, se sont étirés en filaments.

Volcan rouge

Lorsque la lave est très fluide, elle jaillit telle une fontaine et retombe en formant de grandes coulées. C'est ce que l'on appelle une éruption hawaiienne, en référence aux volcans d'Hawaii, dans l'océan Pacifique.

Pour les populations locales, le volcan Kilauea, à Hawaii, est l'antre d'une déesse nommée Pelée (ci-dessus). Son mauvais caractère serait responsable de la grande activité du volcan.

La durée d'une éruption peut varier de quelques heures à... plusieurs milliers d'années !

Feu d'artifice

Au cours de certaines éruptions, le magma parvient à la surface sous une forme à la fois effusive (coulées de lave plutôt visqueuse) et explosive (projection de cendres et de gaz). La nuit, ces éruptions ressemblent à un feu d'artifice : la lave projetée dessine des paraboles dans le ciel. Ces éruptions sont dites stromboliennes, en référence à l'activité du Stromboli, un volcan italien.

Bombe en bouse de vache

Bombe volcanique classique

Les bombes volcaniques (morceaux de lave projetés très haut dans le ciel) sont caractéristiques des éruptions stromboliennes. Suivant la consistance de la lave, elles présentent différents aspects. Quand un morceau de lave assez fluide retombe mollement sur le sol, il prend la forme d'une bouse de vache.

En Islande, les éruptions fissurales sont fréquentes.

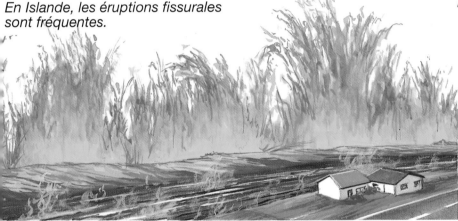

Le feu et la glace

Souvent, la neige et la glace s'accumulent au sommet des grands volcans endormis. En éruption, ces volcans sont très dangereux, car, sous l'effet de la chaleur, la glace fond, formant d'énormes torrents de cendres, d'eau et de boue qui détruisent tout sur leur passage.

Ce volcan japonais, recouvert de neige, montre des signes d'activité.

Qu'est-ce qu'une éruption fissurale ?

Une fissure, longue de plusieurs kilomètres, s'ouvre dans le sol. Un rideau de lave liquide en jaillit. Les coulées recouvrent d'immenses surfaces, formant des volcans presque plats.

Volcan gris

Un volcan gris n'a pas de coulées de lave.
Le magma est si épais qu'il ne peut pas
sortir. Il s'accumule dans la cheminée,
emprisonnant les gaz. La pression augmente,
jusqu'à explosion ; le magma et la roche
sont réduits en cendres et en poussières.

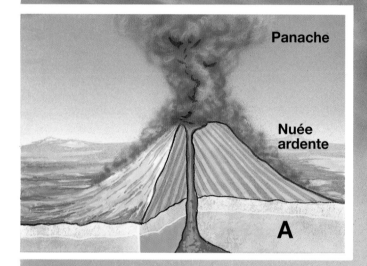

Panache

Nuée ardente

A

Qu'est-ce qu'une nuée ardente ?

C'est un nuage compact de gaz brûlants
et de cendres incandescentes
qui dévale les pentes d'un volcan
à toute vitesse (entre 150 et 500 km/h !).
Il se forme quand une colonne de cendres,
trop lourde pour s'élever, retombe en
avalanches (schéma A) ou quand le flanc
d'un volcan explose (schéma B).

*Le bruit produit par une
explosion volcanique
d'intensité moyenne
est 10 fois supérieur
à celui que fait un avion
à réaction survolant une
région à basse altitude.*

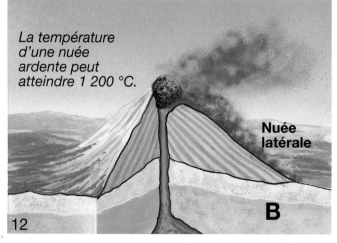

*La température
d'une nuée
ardente peut
atteindre 1 200 °C.*

Nuée latérale

B

12

Panache plinien

C'est une gigantesque colonne de cendres qui est projetée très haut dans le ciel. Les cendres retombent sous la forme d'une fine pluie qui plonge les alentours dans l'obscurité et recouvre tout, parfois sous plusieurs mètres. Même une maison solide peut s'écrouler sous le poids des cendres volcaniques.

En 1980, aux États-Unis, le Saint Helens a craché un panache de cendres de plus de 20 km de haut. L'explosion, extrêmement violente, a décapité le sommet du volcan.

Éclairs au-dessus du volcan

On aperçoit parfois des éclairs au-dessus des volcans gris. Ils sont dus au frottement de minuscules particules de lave et de cendre qui produisent des décharges électriques.

LES COULÉES DE LAVE

Les coulées de lave visqueuse avancent très lentement, tel un tas d'éboulis poussé par un bulldozer. Les coulées de lave fluide sont rapides. Leur vitesse peut atteindre 100 km/h, mais la plupart ralentissent fortement après avoir franchi quelques centaines de mètres. La température d'une coulée de lave est dix fois plus élevée que celle de l'eau qui bout. Très vite, une mince croûte se forme en surface. En dessous, la lave reste brûlante et refroidit lentement. Quand un volcan émet plusieurs coulées, elles se superposent. Il faut alors trois siècles pour que la lave refroidisse complètement !

Le parcours d'une coulée

La lave fluide a la consistance du chocolat fondu. Elle dévale les flancs des volcans à toute vitesse comme un torrent. Une coulée de lave fluide peut parcourir jusqu'à 60 km !

Dès les premières minutes, la lave refroidit en surface, formant une couche solidifiée d'à peine quelques centimètres.

Orgues de lave

Souvent, en refroidissant, l'intérieur des coulées de lave superposées se contracte et se fissure en grandes colonnes régulières. Dégagées par l'érosion, ces colonnes ressemblent à des orgues gigantesques, appelés orgues basaltiques.

Parfois, les coulées de lave traversent des forêts. Lorsque leur niveau baisse, la lave se solidifie autour des arbres carbonisés, qui tombent en poussière. Il ne reste plus que des moules aux formes étranges, appelés « arbres de lave ».

Basaltique : vient du mot « basalte », une roche volcanique issue de la lave fluide solidifiée.

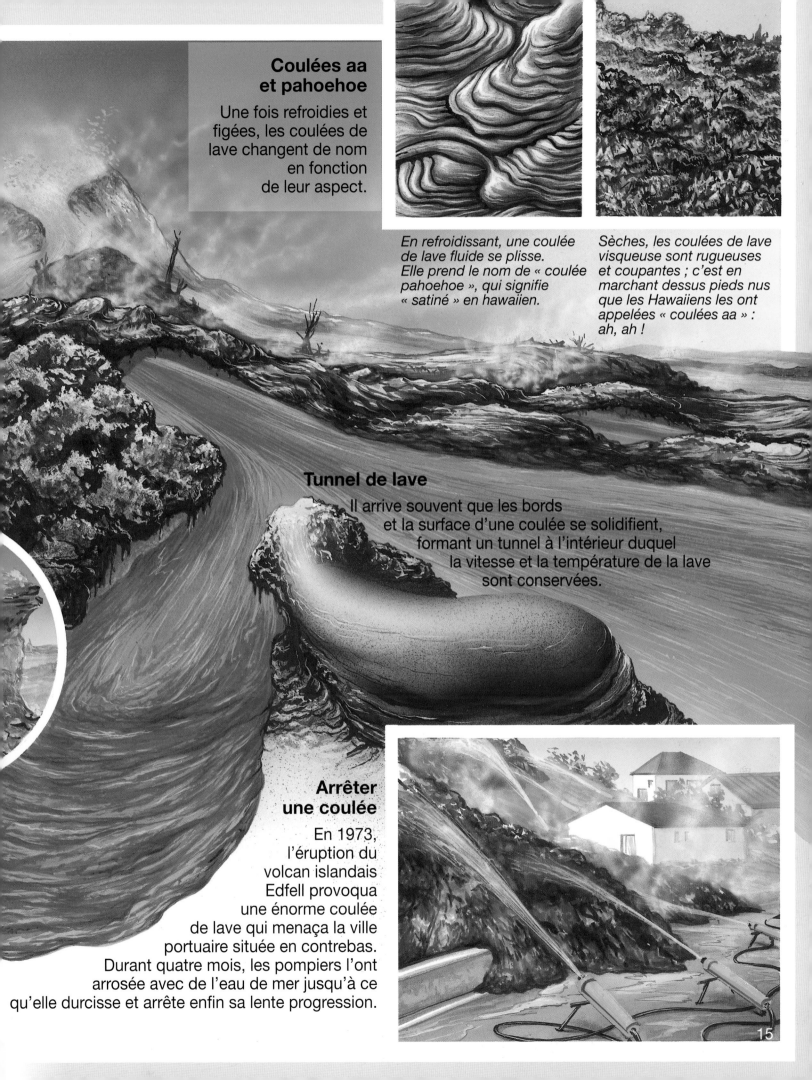

Coulées aa et pahoehoe

Une fois refroidies et figées, les coulées de lave changent de nom en fonction de leur aspect.

En refroidissant, une coulée de lave fluide se plisse. Elle prend le nom de « coulée pahoehoe », qui signifie « satiné » en hawaiien.

Sèches, les coulées de lave visqueuse sont rugueuses et coupantes ; c'est en marchant dessus pieds nus que les Hawaiiens les ont appelées « coulées aa » : ah, ah !

Tunnel de lave

Il arrive souvent que les bords et la surface d'une coulée se solidifient, formant un tunnel à l'intérieur duquel la vitesse et la température de la lave sont conservées.

Arrêter une coulée

En 1973, l'éruption du volcan islandais Edfell provoqua une énorme coulée de lave qui menaça la ville portuaire située en contrebas. Durant quatre mois, les pompiers l'ont arrosée avec de l'eau de mer jusqu'à ce qu'elle durcisse et arrête enfin sa lente progression.

LE FEU SOUS LA MER

Les volcans nés sous la mer
sont dix fois plus nombreux
que ceux nés sur les continents.
Certains sont issus de la collision
entre deux plaques océaniques,
quand l'une plonge sous l'autre.
D'autres naissent au-dessus
d'un point chaud : c'est le cas
des îles Hawaii, formées par
des couches successives de lave
pendant des millions d'années.
Enfin, la plus grande partie
de l'activité volcanique
sous-marine a lieu au niveau
des dorsales, immenses chaînes
de montagnes, faites de lave
durcie, qui serpentent
sur le fond des océans.

Les dorsales

Lorsque deux plaques océaniques
s'écartent, un fossé (ou rift) se forme.
Jailli des profondeurs de la Terre,
le magma le comble peu à peu et
augmente la bordure des plaques.
C'est ainsi qu'ont été créées,
au cours de millions d'années,
les montagnes appelées
« dorsales océaniques ».

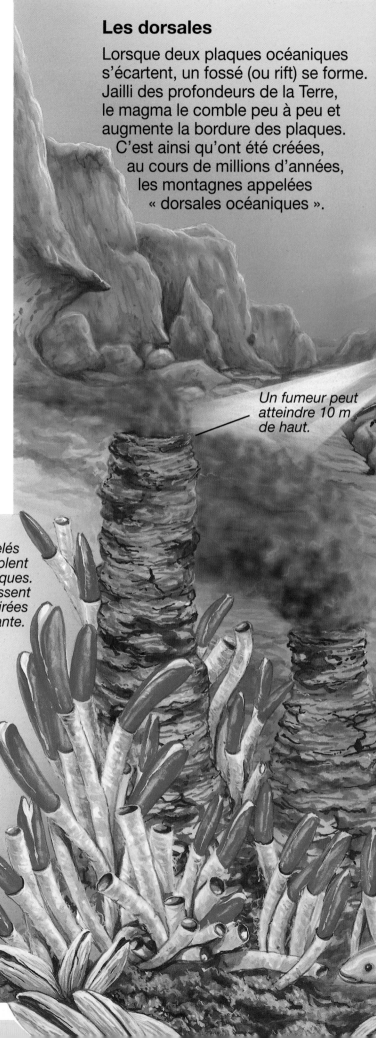

Un fumeur peut atteindre 10 m de haut.

Ces vers étranges, appelés tubicoles, peuplent les dorsales océaniques. Ils se nourrissent des bactéries attirées par la chaleur ambiante.

Qu'est-ce qu'un atoll ?

Quand une île volcanique
(un volcan surgi de l'eau)
s'éloigne d'un point
chaud, son activité
cesse. Autour se
développent des récifs
de coraux. Lorsque
le volcan, usé, s'affaisse,
il ne reste plus qu'une
étendue d'eau claire
(ou lagon) entourée
d'une barrière de corail.
Un atoll est né.

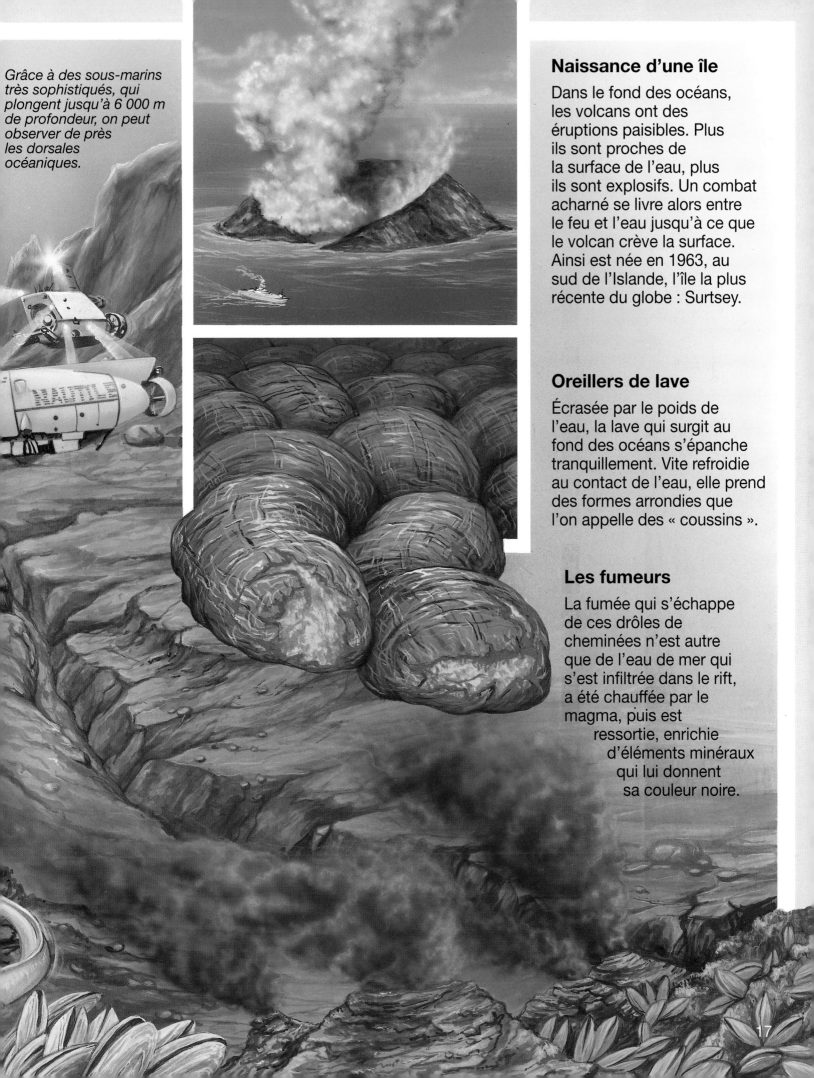

Grâce à des sous-marins très sophistiqués, qui plongent jusqu'à 6 000 m de profondeur, on peut observer de près les dorsales océaniques.

Naissance d'une île

Dans le fond des océans, les volcans ont des éruptions paisibles. Plus ils sont proches de la surface de l'eau, plus ils sont explosifs. Un combat acharné se livre alors entre le feu et l'eau jusqu'à ce que le volcan crève la surface. Ainsi est née en 1963, au sud de l'Islande, l'île la plus récente du globe : Surtsey.

Oreillers de lave

Écrasée par le poids de l'eau, la lave qui surgit au fond des océans s'épanche tranquillement. Vite refroidie au contact de l'eau, elle prend des formes arrondies que l'on appelle des « coussins ».

Les fumeurs

La fumée qui s'échappe de ces drôles de cheminées n'est autre que de l'eau de mer qui s'est infiltrée dans le rift, a été chauffée par le magma, puis est ressortie, enrichie d'éléments minéraux qui lui donnent sa couleur noire.

DES ÉRUPTIONS MARQUANTES

En 186 avant J.-C., l'explosion du Santorin, en Grèce, provoqua la chute de toute une civilisation. C'est comme si le mont Blanc, la plus haute montagne d'Europe, avait été réduit en poussières ! La préhistoire connut des éruptions encore plus gigantesques ; certains chercheurs leur attribuent d'ailleurs la disparition des dinosaures. En effet, lorsque les cendres volcaniques sont projetées très haut dans le ciel, elles font le tour du globe en voilant le soleil, ce qui entraîne une chute importante des températures.

1883 : l'explosion du Krakatoa

Située entre les îles de Java et de Sumatra, en Indonésie, l'île volcanique de Krakatoa dormait depuis 200 ans quand elle explosa et s'effondra sous l'eau, créant une vague gigantesque, ou « tsunami », qui noya 36 000 personnes. Les cendres du volcan atteignirent la stratosphère et firent 6 fois le tour de la Terre. En Europe et dans le nord-est des États-Unis (5), il neigea en plein été. Le bruit provoqué par l'explosion fut entendu à 4 000 km de là, en Australie (4), ainsi qu'en Afrique, à Madagascar (3).

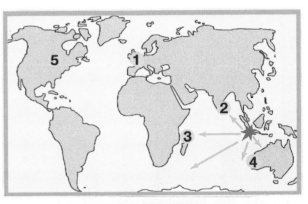

En Angleterre (1), les particules volcaniques troublèrent l'image des astres au point de provoquer d'étonnants « couchers de soleil volcaniques ».

Le tsunami engendré par l'explosion du Krakatoa atteignit 22 m de haut et déferla à plus de 600 km/h le long des côtes de Java et de Sumatra, engloutissant 163 villages. Traversant les océans, il détruisit les ports de Perth en Australie (4), de Calcutta en Inde (2) et fut signalé en France, sur les côtes bretonnes... à 18 000 km de son lieu d'origine !

Pompéi sous les cendres

Avant son réveil en l'an 79 de notre ère,
personne ne savait que le Vésuve, montagne
paisible et verdoyante qui dominait la cité de Pompéi,
était en fait un volcan. Quand il entra en éruption,
au mois d'août, à 10 h du matin, un énorme nuage
de cendres s'éleva dans le ciel à plus de 20 000 m
d'altitude, avant de retomber sur Pompéi, plongeant
la ville dans l'obscurité. La gigantesque explosion fit
trembler la terre et s'écrouler les habitations.
En 3 heures, tout fut fini ! 2 000 personnes périrent
brûlées ou asphyxiées sous une pluie de pierres
et de cendres incandescentes.

Des corps à jamais figés

Les habitants de Pompéi furent ensevelis sous 4 m de cendres.
En refroidissant et en durcissant, la cendre, mêlée à l'eau de pluie,
s'est figée sur les corps qui, peu à peu, se sont décomposés.
C'est en découvrant leur empreinte dans le sol, au XVIIIe siècle,
que des archéologues eurent l'idée de remplir les cavités
avec du plâtre pour obtenir des moules.
Ils purent ainsi reconstituer
les derniers instants
des victimes de Pompéi.

Nuée meurtrière

Le 8 mai 1902 au matin, les habitants de Saint-Pierre de la Martinique furent réveillés par de violentes détonations qui provenaient de la montagne Pelée, le volcan dominant leur ville. Deux gigantesques nuages noirs s'en échappèrent. L'un d'eux s'éleva très haut dans le ciel ; l'autre, plus lourd, fondit sur Saint-Pierre à 160 km/h. Cette nuée ardente d'une température de plus de 1 000 °C fut l'une des plus meurtrières de tous les temps. Elle embrasa la ville et tua 36 000 personnes en 2 minutes !

Tous les moyens ont été mis en œuvre pour sauver les victimes d'Armero. Des organismes humanitaires du monde entier se sont mobilisés. Trois semaines après la catastrophe, on découvrait encore des survivants. Ici, un rescapé, qui s'était réfugié sur le toit de sa maison, est héliporté.

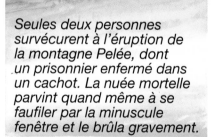

Seules deux personnes survécurent à l'éruption de la montagne Pelée, dont un prisonnier enfermé dans un cachot. La nuée mortelle parvint quand même à se faufiler par la minuscule fenêtre et le brûla gravement.

Le drame d'Armero aurait pu être évité ; en effet, 2 mois avant l'éruption du Nevado del Ruiz, des signes de réveil du volcan avaient été observés et signalés par les experts aux autorités.

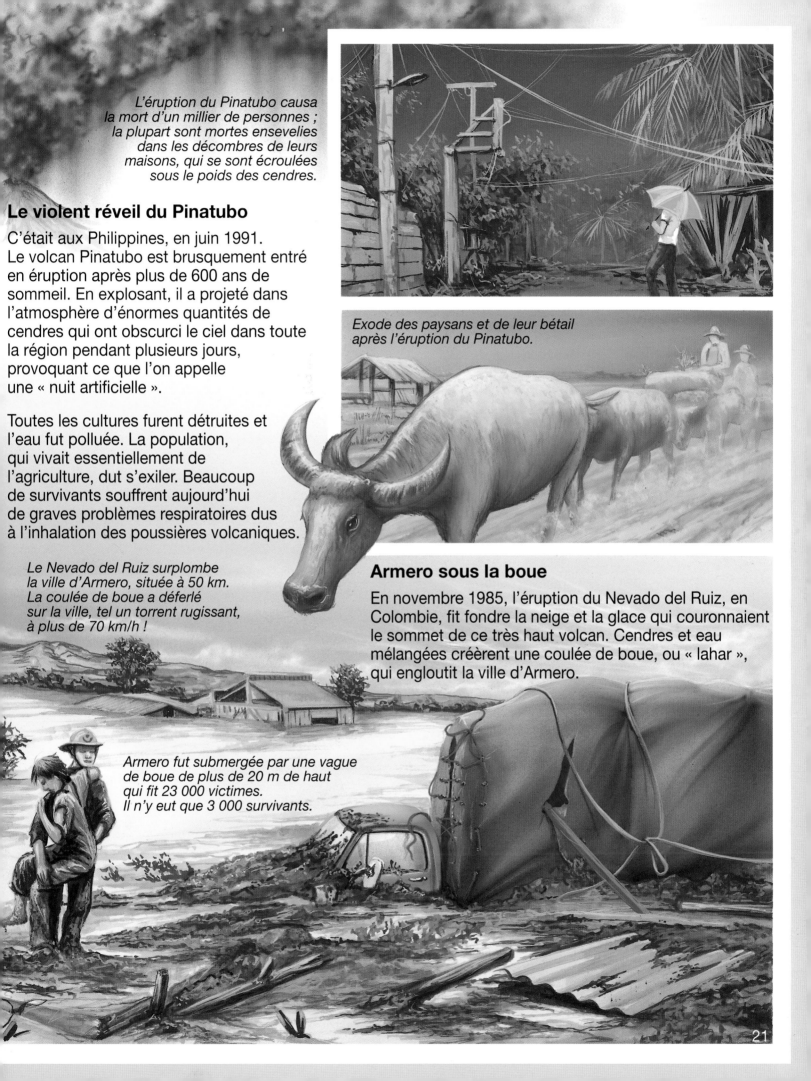

L'éruption du Pinatubo causa la mort d'un millier de personnes ; la plupart sont mortes ensevelies dans les décombres de leurs maisons, qui se sont écroulées sous le poids des cendres.

Le violent réveil du Pinatubo

C'était aux Philippines, en juin 1991. Le volcan Pinatubo est brusquement entré en éruption après plus de 600 ans de sommeil. En explosant, il a projeté dans l'atmosphère d'énormes quantités de cendres qui ont obscurci le ciel dans toute la région pendant plusieurs jours, provoquant ce que l'on appelle une « nuit artificielle ».

Toutes les cultures furent détruites et l'eau fut polluée. La population, qui vivait essentiellement de l'agriculture, dut s'exiler. Beaucoup de survivants souffrent aujourd'hui de graves problèmes respiratoires dus à l'inhalation des poussières volcaniques.

Exode des paysans et de leur bétail après l'éruption du Pinatubo.

Le Nevado del Ruiz surplombe la ville d'Armero, située à 50 km. La coulée de boue a déferlé sur la ville, tel un torrent rugissant, à plus de 70 km/h !

Armero sous la boue

En novembre 1985, l'éruption du Nevado del Ruiz, en Colombie, fit fondre la neige et la glace qui couronnaient le sommet de ce très haut volcan. Cendres et eau mélangées créèrent une coulée de boue, ou « lahar », qui engloutit la ville d'Armero.

Armero fut submergée par une vague de boue de plus de 20 m de haut qui fit 23 000 victimes. Il n'y eut que 3 000 survivants.

LE VOLCANOLOGUE

Il étudie et surveille les volcans pour
tenter de prévoir leurs éruptions.
L'émanation de gaz, la terre qui tremble,
l'élargissement des fissures du sol sont
autant de signes pouvant annoncer
le réveil d'un volcan ; ils sont dus
à la progression du magma vers
la surface. Dans le monde, certaines
régions à risque sont équipées
d'observatoires permettant un suivi
quotidien des volcans ; d'autres sites
disposent d'instruments de contrôle
automatiques, reliés par satellite
aux observatoires. Les volcans
endormis depuis longtemps
ne bénéficient quant à eux
d'aucune surveillance.
Leur réveil est souvent à l'origine
de grandes catastrophes.

Un carnet très précieux

Le carnet de notes est l'outil
indispensable du volcanologue.
À l'intérieur, il note toutes ses
observations (activité du volcan
au jour le jour, détail des éruptions,
température de la lave...)
et fait de nombreux croquis.

Drôle de robot !

Le robot (ci-contre) passe le plus clair de son temps
dans des cratères très profonds où l'homme ne peut
descendre. Là, il pratique des analyses de gaz
et de lave, permettant une meilleure connaissance
des volcans, et donc une meilleure prévention !

La tenue du volcanologue

Pour travailler, le volcanologue porte
une combinaison spéciale qui lui
permet de s'approcher à moins
d'un mètre d'une coulée de lave de
plus de 1 000 °C. Contre les retombées
de blocs (gros morceaux de lave
durcie), il porte sur la tête
un heaume antichoc.

*Ce volcanologue prend la température
d'une coulée de lave à l'aide d'un thermocouple
(thermomètre électrique qui ne fond pas).*

*Dans les zones sensibles, le géodimètre à rayon laser
détecte et mesure avec précision le moindre gonflement
d'un volcan : un rayon laser est envoyé sur une cible placée
sur le flanc du volcan, puis renvoyé au géodimètre.*

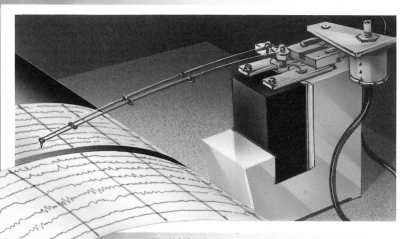

*Relié à des appareils placés tout autour
d'un volcan, le sismographe permet d'obtenir
sur papier un relevé d'activité sismique
et de déceler ainsi tout tremblement du sol
pouvant annoncer une éruption.*

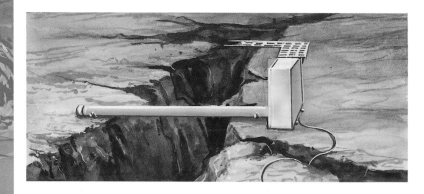

*Dans les zones de grande activité volcanique,
l'extensomètre détecte et enregistre le moindre
écartement d'une faille. L'information est aussitôt
transmise à l'observatoire.*

ROCHES ET PAYSAGES VOLCANIQUES

Les roches volcaniques (appelées aussi « roches éruptives ») naissent du jaillissement de la lave en surface et de son refroidissement plus ou moins lent. On distingue deux grands groupes : les pyroclastites, morceaux de lave, petits ou gros, qui ont été projetés dans l'atmosphère à la suite d'une explosion (bombes volcaniques par exemple), et les roches comme le basalte, l'obsidienne, la rhyolite, issues d'écoulements de lave. L'étude des roches volcaniques et des reliefs sculptés par les éruptions fournit de précieux renseignements sur le passé d'un volcan ou d'une région.

Maisons de lave

En Cappadoce, une région située au centre de la Turquie, les hommes ont construit des habitations dans les laves érodées (c'est-à-dire sculptées par l'érosion) d'un ancien volcan, le mont Erciyes.

Obsidienne

Cette roche volcanique d'un noir vitreux provient d'une lave visqueuse qui s'est épanchée lentement à la sortie d'un volcan. Pendant la préhistoire, les hommes l'utilisaient pour fabriquer des outils tranchants.

Roche transformée par les gaz

Quand un volcan s'endort, le magma à l'intérieur de l'édifice refroidit lentement ; des gaz s'en échappent parfois, provoquant une réaction chimique qui modifie la couleur des roches volcaniques environnantes.

Pierre précieuse

Les diamants se forment dans les profondeurs de la Terre. Parfois, à la faveur d'une éruption, ils remontent à la surface, incrustés dans les roches volcaniques.

Mousse de lave

La pierre ponce est souvent comparée à de la mousse de lave solidifiée. Ce sont les nombreuses petites bulles de gaz contenues dans la lave qui lui donnent cet aspect d'éponge. Cette roche est si légère qu'elle flotte sur l'eau !

Prismatic Lake

Ce lac géant *(vu du dessus)* est situé dans la région volcanique de Yellowstone, aux États-Unis. Ses eaux sont chauffées par un immense réservoir de magma situé à seulement 6 km sous terre. Ses couleurs extraordinaires sont dues aux algues qui y prolifèrent et à la nature des roches volcaniques.

Le Prismatic Lake attire des visiteurs du monde entier. Une route a été aménagée qui permet de le longer.

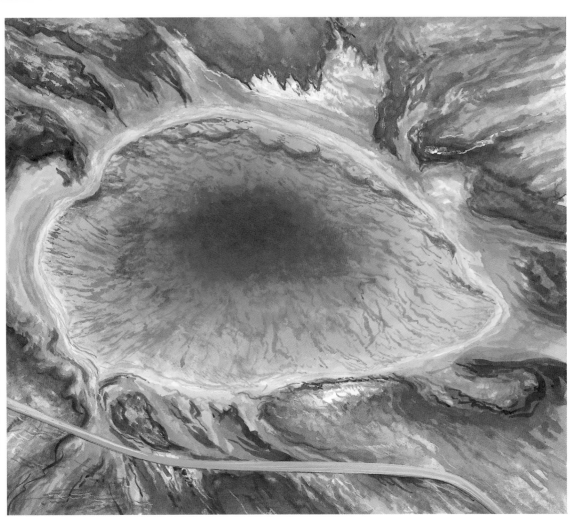

Un paysage étonnant

Dans la région vallonnée de Landmannalaugar, en Islande, des couleurs étonnantes attirent l'œil du promeneur. Elles sont dues au lent refroidissement de coulées de lave très visqueuses. La roche volcanique qui en est issue est appelée rhyolite.

Les petits cônes qui émergent du cratère ont été formés par des projections de lave bouillonnante.

Lave blanche

L'Ol Doyno Lenghaï, en Tanzanie, est le seul volcan au monde dont la lave devient blanche en refroidissant. Cette couleur, qui donne au cratère un aspect lunaire, est due à la faible température de la lave (moins de 500 °C) et à sa composition unique : elle ne contient pas de silice, un minéral généralement présent.

25

DES VOLCANS UTILES

On accuse beaucoup les volcans d'être meurtriers. Or, s'ils causent la mort d'environ 500 personnes par an, ils en font vivre plus de 300 millions grâce aux produits de leurs éruptions. Par exemple, les cendres volcaniques projetées régulièrement et en petites quantités rendent le sol très fertile et permettent le développement d'une agriculture intensive. Pour produire de l'électricité et du chauffage, l'énergie géothermique utilise quant à elle les eaux d'infiltration chauffées par le magma, qui jaillissent parfois en surface sous forme de geysers, de sources chaudes ou de fumerolles (jets de vapeur).

L'énergie des volcans

À Svartsengi (Islande), la centrale géothermique pompe l'eau chauffée dans les profondeurs de la Terre par l'activité volcanique pour chauffer les serres et les maisons et fournir de l'électricité. Le surplus des eaux chaudes, riches en minéraux, coule dans un grand bassin où l'on peut se baigner en toute saison.

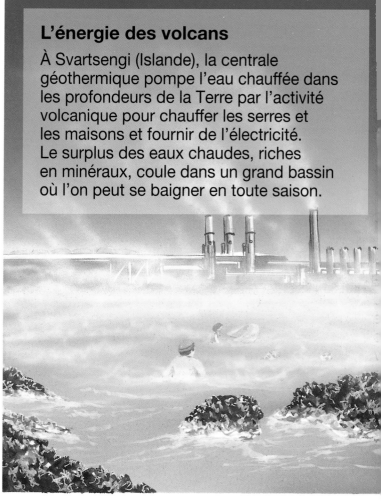

Le volcan Kawah Idjer en Indonésie, produ. 10 t de soufre par jou. Les cristaux son transportés dan de grands paniers

Le soufre

Il est employé dans l'industrie pour durcir le caoutchouc des pneus ou blanchir le sucre, et entre dans la composition de certains médicaments. Il provient des gaz libérés par les fumerolles, qui se sont condensés en refroidissant. Les zones volcaniques riches en soufre sont appelées « solfatares » (en italien : mines de soufre).

Fumerolles

Cristaux de soufre

Culture de figuiers à Lanzarote.

La pierre de Volvic

Beaucoup de roches volcaniques sont utilisées pour la construction de routes et de bâtiments. En Auvergne, une région de France où dorment de nombreux volcans, la pierre de Volvic, de couleur grise ou noire, est exploitée depuis des siècles.

De l'engrais tombé du ciel

À Lanzarote, une île de l'archipel des Canaries, les cendres projetées par les volcans saupoudrent régulièrement le sol et le rendent très productif : les cultures poussent deux fois plus vite qu'ailleurs. Pour les protéger du vent qui souffle fort, les hommes ont creusé dans la cendre de grands entonnoirs et les ont bordés de murets de lave séchée.

Beppu, ville thermale

Dans cette ville située au cœur du Japon, la vapeur jaillit de partout. L'eau chaude, issue de l'activité volcanique en profondeur, a permis la création de 800 établissements de bains publics, une tradition au Japon. Ces bains attirent de nombreux touristes.

Située à Beppu, cette source chaude, appelée la « Mare sanglante du Diable », doit son étonnante couleur rouge sang à la richesse de ses eaux en fer. Des barrières ont été installées tout autour pour la sécurité des milliers de touristes venus chaque année du monde entier pour la voir.

Sable bienfaisant

À Kiushu, au Japon, on soigne les malades atteints de rhumatismes (que leurs articulations font souffrir) en les ensevelissant dans du sable humide porté à une certaine température par la chaleur volcanique provenant du sous-sol.

27

TABLE DES MATIÈRES

QU'EST-CE QU'UN VOLCAN ? **6**

OÙ NAISSENT LES VOLCANS ? **8**

DANS LE FEU DE L'ACTION **10**

LES COULÉES DE LAVE **14**

LE FEU SOUS LA MER **16**

DES ÉRUPTIONS MARQUANTES **18**

LE VOLCANOLOGUE **22**

ROCHES ET PAYSAGES VOLCANIQUES **24**

DES VOLCANS UTILES **26**

MDS : 258598
ISBN : 978-2-215-06230-1
© Groupe FLEURUS, 1999
Conforme à la loi n°49-956 du 16 juillet 1949
sur les publications destinées à la jeunesse.
Dépôt légal à la date de parution.
Imprimé en Italie (11-12)